MANUEL

DU

CONTRIBUABLE ALGÉRIEN

TAXE SUR LES LOYERS

PAR

Eug. ROBE

Avocat à la Cour Impériale d'Alger.

ALGER

IMPRIMERIE DE A. BOURGET, RUE SAINTE, N. 2.

1859

INTRODUCTION.

La taxe sur les loyers édictée par l'arrêté du chef du pouvoir exécutif, en date
du 4 novembre 1848, n'était d'abord que
facultative. — Les timides essais qu'en
firent quelques communes étaient loin de
paraître satisfaisants : les frais de perception étaient hors de toutes proportions avec
les produits obtenus. Aussi les municipali-
tés étaient-elles disposées à négliger cette
branche de revenus, lorsque, à partir de
1855, le ministre en prescrivit l'inscription au chapitre des recettes ordinaires de
toutes les communes.

Rendu ainsi obligatoire pour tous les bud-
gets municipaux, cet impôt établi avec plus
de soin, n'a pas tardé à donner de meil-
leurs résultats, et on peut le considérer au-

MANUEL

DU

CONTRIBUABLE ALGÉRIEN

TAXE SUR LES LOYERS

PAR

Eug. ROBE

Avocat à la Cour Impériale d'Alger.

PRIX : 1 FR. 50 C.

ALGER

IMPRIMERIE DE A. BOURGET, RUE SAINTE, N. 2.

—

1858

MANUEL

DU CONTRIBUABLE ALGÉRIEN

jourd'hui comme devant être définitivement maintenu.

Mais au sein d'une population aussi essentiellement flottante que celle des villes de l'Algérie, la difficulté du recensement annuel amène nécessairement de nombreuses erreurs dans les rôles, et met fréquemment le contribuable dans la nécessité de réclamer. — Or, si l'arrêté du 4 novembre 1848 a sommairement tracé les droits et les devoirs du contribuable et indiqué la forme des réclamations, il n'est pas entré, il ne pouvait pas entrer dans les détails nécessaires pour diriger le réclamant dans cette procédure, ni prévoir et régler toutes les questions qui pourraient surgir. Le contribuable se trouvait donc sans règles bien déterminées, livré à sa propre inexpérience et souvent dépourvu d'un conseil qui ait une connaissance spéciale d'une législation si peu connue.

Un manuel de la jurisprudence sur la matière était donc une œuvre utile, nécessaire ; et l'on doit savoir gré à M. Robe d'avoir consacré son expérience, son savoir et l'indépendance d'une position honorablement acquise à une étude aussi aride, et, tranchons le mot, aussi peu lucrative.

Le livre de M. Robe n'est certainement pas complet; et il ne pouvait pas l'être. Après cinquante ans d'application de la contribution mobilière et personnelle, la France n'a pas encore sur la matière une jurisprudence définitivement arrêtée, ni de recueil ou traité à l'usage *de tous*; tous les jours le Conseil d'Etat est appelé à se prononcer sur des questions qui ne s'étaient pas présentées jusqu'alors. — Mais le travail de M. Robe suffit pleinement à la situation et à nos besoins et vient à-propos combler une lacune dans la jurisprudence algérienne. L'auteur a relevé avec soin toutes les décisions du Conseil de Préfecture d'Alger; il les a discutées par le rapprochement de la jurisprudence du Conseil d'Etat sur les espèces identiques; il a prévu et résolu des cas différents et nouveaux; — Il a présenté avec ordre le texte de la loi, expliqué et résumé, dans un cadre aussi clair que possible, toutes les difficultés que son application peu-

iv

vent le plus usuellement provoquer. L'ou-
vrage forme un manuel nécessaire à con-
sulter, un excellent guide que chaque contribuable voudra avoir pour le conduire
dans ce dédale des lois et des formes ad-
ministratives.

8 décembre 1857.

ED. COSTALLAT,

Secrétaire général de la préfecture d'Alger.

CHAPITRE I.

Par qui la Taxe est dûe.

Après avoir créé la commune algérienne, il fallait constituer sa propriété; c'est ce qui a été fait par l'arrêté du chef du pouvoir exécutif du 4 novembre 1848. C'est cet arrêté qui, dans son titre 3, établit, comme ressource ordinaire, une taxe sur les loyers au profit de la caisse municipale de chaque commune. Cette taxe est le premier impôt direct qui ait frappé la propriété européenne de notre colonie ; mais elle puise sa justification dans la nécessité de faire aux communes un budget suffisant pour subvenir à toutes leurs dépenses. Si elle a soulevé des murmures à son apparition, ces murmures ont bientôt cessé, et la perception se fait aujourd'hui sans difficulté.

La taxe sur les loyers est pour l'Algérie ce qu'est en France la contribution mobilière perçue par le trésor public. Aussi les règles relatives à l'assiette de la seconde

ont-elles 'été en grande partie empruntées
pour la réglementation de la première ; et
souvent il arrive que c'est dans la jurisprudence du conseil d'État, sur l'interprétation
de la loi du 21 avril 1832, que l'on doit
chercher la solution des difficultés soulevées
par l'arrêté du 4 novembre 1848.

D'un autre côté, cette contribution, desti-
née à pourvoir à des besoins d'intérêt local,
remplace en Algérie les centimes addition-
nels perçus dans l'intérêt des communes de
France.

La taxe sur les loyers est payée par tout
habitant français, indigène ou étranger, de
tout sexe et non réputé indigent (art. 13).

Il faut de plus que *l'habitant* jouisse de
ses droits, c'est-à-dire, ait un droit privatif sur
l'appartement et des moyens suffisants d'existence, soit par sa fortune, soit par sa profession. Sont considérées comme jouissant de
leurs droits, les veuves et les femmes sépa-
rées de leurs maris (de fait ou judiciaire-
ment), les garçons et filles majeurs ou mi-
neurs qui habitent avec leurs père et mère,
tuteur ou curateur, s'ils possèdent des res-

sources personnelles. Celui qui habite chez
autrui, à titre gratuit ou onéreux, est taxable, à moins qu'il ne possède pas de ressources personnelles. Il ne pourrait pas se soustraire à cette obligation en prouvant que la
personne chez laquelle il est, est imposée
pour la totalité de l'appartement. — S'il y
a double emploi, c'est à cette personne à réclamer.

Tel est le principe général.

Néanmoins, on ne peut être taxé qu'autant
qu'on occupe, à l'ouverture de l'exercice, ou
tout au moins à l'époque de la confection
des rôles.

Celui des occupants au nom duquel la location est faite n'est pas toujours celui qui
doit être imposé. Il pourrait se faire que sa
présence dans les lieux s'effaçât devant la
position d'un autre. Ainsi, un médecin doit
être personnellement imposé pour la totalité
du logement qu'il occupe, bien qu'il produise
un bail fait au nom de sa mère qui habite
avec lui. (C. d'Ét., 5 août 1841.)

Il n'est pas nécessaire pour être constitué
en état d'indigence d'être porté sur la liste

officielle que l'autorité municipale dresse tous les ans dans la commune ; il suffit de justifier que l'exiguïté des ressources que l'on possède rend impossible ou excessivement onéreux le paiement de l'impôt.

C'est au conseil municipal qu'il appartient de constater l'état d'indigence ; et c'est à lui à désigner ceux qui doivent être exemptés comme tels ou à un autre titre.— Le contribuable qui se prétend indigent et qui réclame contre le défaut de désignation du conseil municipal, doit porter sa demande devant le préfet. Cette réclamation n'est autre chose qu'une demande en remise. (C. d'Ét., 18 juillet 1834. 17 juin 1852.)

Peu importe le temps depuis lequel on habite la commune. Peu importe aussi que l'on soit ou non logé dans ses meubles. Le fait de n'être point logé dans ses meubles n'entraîne dispense de la taxe qu'autant qu'il concourt avec cet autre fait que le séjour n'est que temporaire ; dans le cas contraire, la taxe est due. Ainsi, un fonctionnaire public logeant en garni ne saurait prétendre que son séjour au lieu de sa résidence n'est que temporaire, par le motif qu'il est obligé de faire des voyages fréquents pour son service. Au contraire, un voyageur pour les affaires de son commerce ou par agrément, ne peut avoir qu'une résidence temporaire dans les endroits où il passe. (Cons. Préf. d'Alger, 3 mai 1855, Springe Rise. C. d'Ét., 13 juin 1845.

La taxe est due par *l'habitant,* par l'*occupant,* quelle que soit sa condition civile ou sociale, serait-il mineur et l'usufruit légal de ses biens appartiendrait-il à ses père et mère. Le failli même n'en est pas exempt.

C'est l'application la plus large de l'obligation de tous à l'impôt.

Lorsque les lois d'un pays exemptent de la contribution mobilière les agents diplomatiques et consulaires de la France résidant en ce pays, ses consuls en Algérie doivent aussi être dispensés de la taxe sur les loyers. (C. d'Ét., 17 novembre 1843.)

C'est le propriétaire qui doit la taxe si la maison n'est pas louée à l'époque de la confection des rôles ; c'est le locataire s'il y a une location.

Si la Commission avait fait porter la totalité de la taxe sur un des deux occupants, alors qu'elle devait peser sur tous les deux, le Conseil de Préfecture ne pourrait en réduisant la côte de celui qui aurait été imposé, mettre à la charge de l'autre occupant le montant de la réduction. (C. P. Alg. 30 octobre 1856, Evarés.)

Un domestique, qu'il soit attaché à une maison de ville ou à une ferme, ne peut être imposé.

Un concierge doit-il être considéré comme faisant partie du personnel de la domesticité ?

Le Conseil de Préfecture d'Alger a plusieurs fois décidé l'affirmative, en se fondant sur une raison d'analogie, tirée de ce que les concierges ne sont pas astreints au service de la milice. (9 août 1855, Sias et autres. 30 octobre 1856, Evarés. 11 décembre 1856, Audisse.) Mais il a aussi jugé la négative par le motif qu'ils sont soumis à l'impôt mobilier en France, ou qu'ils reçoivent une rétribution. (4 décembre 1856, Gabriel. 11 décembre 1856, Sias, Gibelin, Clément.)

Nous serions assez disposés à faire une distinction sur ce point et à décider que les concierges d'une maison particulière doivent être considérés comme domestiques; mais qu'il doit en être autrement des concierges des administrations ; et, si nous saisissons bien l'idée encore voilée du Conseil de Préfecture d'Alger, nous pensons que cette distinction n'a pas été étrangère à cette fluctuation dans sa jurisprudence; car, nous remarquons que dans presque toutes les espèces où il a déclaré que les concierges n'étaient pas domestiques, il s'agissait de concierges attachés à des administrations publiques.

Celui qui est attaché au service d'un propriétaire en qualité de jardinier, et qui est logé dans un bâtiment dépendant de la maison du maître, doit être considéré comme domestique. (Cons. d'État, 20 juin 1844, Hardouin.)

Les fonctionnaires publics ne sont pas exempts de la taxe, quelque soit leur rang dans la hiérarchie administrative et le logement qu'ils occupent, ce logement serait-il dans un bâtiment appartenant à l'État ou à la commune.

La taxe sur les loyers étant une contribution générale pesant sur chaque habitant, il en résulte que les officiers de terre et de mer n'en sont pas exempts. Néanmoins, quant à eux, la loi fait une distinction : Les officiers avec troupe ne doivent la cote qu'autant qu'ils ont des habitations particulières, soit pour eux, soit pour leur famille. Art. 16. Ils ne peuvent, pour se soustraire à l'obligation résultant de la taxe, exciper de ce qu'en Algérie l'armée est en campagne, comme ou pourrait le faire en France, pour la contribution mobilière. (C. P. Alg. 3 mai 1855, général Chabaud-Latour. Domergue.)

Nous verrons plus tard ce que l'on doit entendre par habitation particulière.

Mais les officiers sans troupe, officiers d'état-major, officiers de gendarmerie, les employés de la guerre et de la marine dans les garnisons et dans les ports, les préposés de l'administration des douanes non casernés doivent la taxe dans tous les cas, c'est-à-dire, quelque soit leur habitation. (Art. 16.)

Les officiers supérieurs commandant un dépôt d'artillerie font partie de l'état-major de l'armée.

Les commandants de place ou de bureaux arabes sont des officiers sans troupes.

Les médecins, chirurgiens et pharmaciens attachés aux hôpitaux militaires ou à un régiment, sont des employés de l'armée. — Il en est de même des interprètes militaires, gardes du génie et d'artillerie, commissaires de marine, employés des subsistances et de l'intendance, en un mot de tout le personnel attaché à l'administration des armées.

Les gendarmes de la marine sont assimilés aux sous-officiers et soldats casernés et par conséquent affranchis de la taxe. (*Ibid*, 3 mai 1855, Lebrun et cons.)

Il en est de même des maîtres et contre-maîtres de port logés dans les bâtiments de la marine ; ils sont assimilés aux douaniers casernés. (*Ibid*, 3 mai 1855, Maîtres du port d'Alger.)

La loi ne parle que des officiers avec troupe ou sans troupe de l'armée, ainsi que

des employés, car les soldats et sous-officiers étant obligatoirement casernés, il n'y
a pas à s'en occuper. Néanmoins, si un sol-
dat ou matelot, tout en logeant à la caserne, avait une chambre en ville, qu'il n'habi-
terait que temporairement, il serait soumis
à la taxe, à raison de cette chambre. (*Ibid*,
14 mai 1855. Livori.)

Un vétérinaire principal de l'armée d'A-
frique doit être considéré comme officier
sans troupe. (*Ibid*, 18 octobre 1855, Bernis.)

Nous pensons que si un vétérinaire de
l'armée est, à plusieurs égards, assimilé à
un officier, il n'est pas pour cela officier ;
c'est plutôt un employé militaire.

Un général commandant une province ou
une subdivision est un officier d'état-major soumis à la taxe. (C. d'Et. 14 décembre
1853.)

Responsabilité des propriétaires. — Le
propriétaire d'une maison n'est obligé directement vis-à-vis la commune, que pour
ce qu'il occupe personnellement avec sa famille. Mais, pour assurer le recouvrement

de l'impôt et éviter des fraudes et des collusions, la loi le déclare responsable de la cotisation des locataires, lorsque ceux-ci ont déménagé hors de la commune sans satisfaire au paiement de leur cote.

Lorsqu'il y a un principal locataire, c'est sur lui que pèse cette responsabilité ; le propriétaire en est déchargé et aucune action ne peut être suivie contre lui (art. 30).

Pour prouver l'existence d'un principal locataire, il n'est pas nécessaire que le bail soit enregistré ; il suffit que le fait soit constant. (C. P. Alg., 28 février 1856, Cazamajour.)

A partir du recensement, le propriétaire doit prendre ses sûretés contre la disparition de son locataire, car il est responsable du déménagement de ce dernier, postérieur au recensement, bien qu'antérieur à la publication des rôles. (C. P. Alg. 2 août 1855, Fournier. 2 août 1855, Wendling.)

La garantie légale que doit le propriétaire suit le sort des obligations du locataire. Ainsi, si ce dernier avait déménagé antérieurement à l'ouverture de l'exercice, et de la confection des rôles, il ne devrait pas la taxe pour le logement abandonné, et le propriétaire ne saurait être engagé. Le propriétaire peut opposer toutes les exceptions que son ex-locataire pourrait faire valoir.

La responsabilité des propriétaires étant fondée sur la facilité qu'ils ont de surveiller leurs locataires et de s'assurer de l'exécution de leurs obligations vis-à-vis de la commune, elle doit cesser lorsqu'il y a eu mutation de propriété dans le cours de l'année et que cette mutation est postérieure au déménagement des locataires. Il en est de même pour la responsabilité des principaux locataires. (*Ibid*, 23 août 1855, De Magny.)

Mais dans ce cas, ce serait le vendeur, l'ancien propriétaire sous la possession duquel le fait préjudiciable à la commune aurait eu lieu qui serait répréhensible; et ce serait lui qui devrait subir les conséquences de son incurie.

Cependant, cette responsabilité n'est pas absolue et indéfinie ; le propriétaire peut s'y soustraire, et il puise ce droit dans les dispositions des art. 22 et 23 de la loi du 21 avril 1832, articles dont l'application à la taxe sur les loyers nous paraît hors de doute.

Ces articles sont ainsi conçus : Art. 22. « ..... Les propriétaires, et à leur place les principaux locataires, devront, un mois avant l'époque du déménagement de leurs locataires, se faire représenter par ces derniers les quittances de leurs contributions. Lorsque les locataires ne présenteront point ces quittances, les propriétaires ou principaux locataires seront tenus, sous leur responsabilité personnelle, de donner, dans les trois jours, avis du déménagement au percepteur.

Art 23. Dans le cas de déménagement furtif, les propriétaires, et à leur place les principaux locataires, deviendront responsables des termes échus de la contribution de leurs locataires, s'ils n'ont pas fait constater dans les trois jours ce déménagement par le maire, le juge de paix ou le commissaire de police. »

Néanmoins, cette faculté de se soustraire

à toute responsabilité n'existe pas pour les propriétaires et principaux locataires qui exercent la profession de logeurs en garni ; dans ce cas la responsabilité existe nonobstant toute déclaration de leur part. Même article 23 *in-fine*. Le logeur est toujours tenu personnellement de la cote de ses locataires. (C. P. Alger, 17 janvier 1857, Vacherot. 5 février 1857, Leblanc.)

Cette jurisprudence est applicable à tout propriétaire logeant un parent, même gratuitement chez lui ; par exemple à un gendre qui loge sa belle-mère, aux termes des articles 203 et 206, C. Nap. (Cons. d'État, 30 mars 1844.)

Le mari est responsable de la taxe dûe par sa femme pour l'appartement qu'elle occupe, indépendamment du domicile conjugal, si elle n'est pas légalement séparée de corps. (C. Et. 31 mai 1848.)

L'héritier n'est tenu à la taxe dûe par son auteur, que pour l'année commencée au jour du décès ; il n'en est pas tenu pour l'année suivante, à moins que l'appartement soit resté meublé et à sa disposition, car il suffit d'avoir à sa disposition et pour son usage personnel une maison meublée pour en devoir la taxe.

Si c'est la veuve du contribuable décédé dans ces conditions qui continue à habiter la maison, l'héritier n'en est pas moins obligé de payer la taxe de l'année courante, à moins que ce soit la veuve qui soit héritière par une disposition testamentaire. En effet la veuve ne représentant pas la personne du défunt comme l'héritier; elle n'est pas tenue de ses obligations personnelles ; or, la taxe étant un engagement personnel de son mari, elle ne la doit pas comme veuve. Elle ne la doit pas davantage comme *occupant* puisque la cote n'est pas en son nom. (C. d'Et., 2 août 1855.)

L'art. 53 de l'ordonnance du 28 septembre 1847, qui dispose que les taxes particulières dûes par les habitants ou propriétaires en vertu des ordonnances ou arrêtés seront perçues suivant les formes établies pour le recouvrement des contributions diverses est toujours en vigueur sous l'empire de l'arrêté du 4 novembre 1848 ;

par conséquent, conformément à l'article 14, du réglement des finances de 1824 et de l'art. 2 de la loi du 12 novembre 1808, les dépositaires de fonds appartenant à un contribuable et sur lesquels la recette municipale à un privilége, sont tenus de payer la taxe des loyers jusqu'à concurrence des sommes dont ils sont détenteurs. (C. Préf. Alg. janvier 1856, Rouquier et Bœuf.)

Il faut remarquer que cette responsabilité exorbitante des dépositaires n'existe qu'à la condition que la commune ait un privilége sur les fonds que ces derniers détiennent. Si ce privilége n'existe pas ; si les droits de la commune ne sont pas supérieurs à ceux des autres créanciers, le receveur municipal ne peut s'adresser directement aux dépositaires, quand même les sommes formant l'objet du dépôt seraient libres de toutes autres réclamations !

CHAPITRE II

Comment la Taxe s'établit.

Confection des rôles. — La taxe sur les loyers, comme toutes les contributions, est perçue d'après un rôle sur lequel se trouvent toutes les énonciations constitutives du titre de la perception.

Le rôle arrêté et publié par l'autorité compétente est un acte définitif pour l'administration ; ni le maire, ni le préfet n'ont qualité pour le modifier. Le Conseil de Préfecture lui-même, en prononçant des décharges, ne peut prescrire des mutations de cote. Si des omissions ou des erreurs ont été commises par les rédacteurs du rôle, il n'est pas possible de les rectifier, pas même au moyen d'un rôle supplémentaire.

En effet, il ne peut être fait de rôle supplémentaire que pour des faits nouveaux survenus postérieurement à la confection du rôle principal.

Pour l'établissement de ce rôle, il est, à

la diligence de l'autorité communale et par des commissaires désignés par le conseil municipal, procédé chaque année à un recensement général des contribuables. Ces commissaires sont au nombre de cinq, dont deux au moins, choisis en dehors du conseil municipal. — Dans les villes et communes rurales divisées en sections, il pourra être établi une commission de recensement pour chaque quartier ou section de commune (art. 19).

Le recensement consiste dans le relevé des habitants imposables et de la valeur locative de leurs habitations.

Les commissaires ne peuvent déléguer leurs pouvoirs. Ils doivent procéder en personne à toutes les opérations du recensement, à peine de nullité. Il est quelquefois arrivé que des commissaires peu zélés ou trop confiants se sont dispensés de visiter eux-mêmes les contribuables et s'en sont rapportés aux appréciations que leur donnaient des employés de l'administration municipale qu'ils chargeaient de la vérification sur place ; mais lorsqu'un contribuable a

demandé la nullité du rôle ainsi fait et à être
déchargé de sa cote, le Conseil de Préfecture d'Alger toujours inspiré par ce senti-
ment de bonne légalité et de sage modéra-
ration que nous avons remarqué dans ses
décisions, après s'être assuré par enquête ou
notoriété publique de cette irrégularité, n'a
jamais hésité à admettre la décharge. C'est
en vain que l'autorité municipale a tenté de
décliner la compétence du Conseil, sous le
prétexte qu'il s'agissait d'une question de
régularité d'établissement d'impôt ; le Conseil, considérant que la difficulté à juger
n'était en définitive qu'une question de décharge a retenu le fond. (23 décembre 1856,
Leroy. 23 octobre 1856, Cotillon. 30 octobre, id. Le Bas. 11 décembre, id. Rigodit.
31 décembre, id. Laget. 27 janvier 1857,
Comenich, Roure, Verdier, Vaillant, Charet,
Fatma Bent Raïs.)

La loi ne fixe pas d'époque à laquelle le
recensement doive être fait ; par conséquent
l'opportunité est à la faculté de l'autorité communale. (*Ibid*, 2 octobre 1856). Néanmoins,
en bonne administration il devrait être fait

avant l'ouverture de l'exercice. Des retards pourraient amener des difficultés et des embarras.

Le recensement n'a de valeur que pour l'année.

L'opération du recensement terminée, les commissaires se réunissent sous la présidence du maire ou de l'adjoint. Ils rédigent la matrice du rôle et déterminent pour chacun des habitants passibles de la taxe la valeur locative qui doit servir de base à sa cotisation. Le receveur municipal assiste à cette réunion avec voix délibérative ; il remplit les fonctions de secrétaire (art. 20).

Les commissaires désignent ceux des contribuables qui leur paraissent devoir être exemptés de la taxe. Le travail des commissaires est soumis, par le maire, au conseil municipal, qui arrête le rôle des contribuables. Le conseil détermine en même temps le *quantum* de la taxe pour l'année où le rôle sera mis en recouvrement, quantum qui ne peut dépasser le dixième de la valeur locative (art. 22).

Le rôle une fois arrêté doit être rendu

exécutoire par le préfet. Cette formalité remplie, il sera porté à la connaissance des contribuables par voie d'affiches (dans les endroits à ce destinés) et d'avertissement individuel ; l'avertissement énoncera : le montant de la taxe imposée au contribuable ; la valeur locative qui lui sert de base ; le *quantum* de la taxe par rapport au loyer ; le mode d'acquittement ; le délai et le mode des réclamations (art. 24).

L'autorité municipale publiera l'arrêté préfectoral qui rend le rôle exécutoire, immédiatement après sa réception dans la commune. L'arrêté sera affiché à l'extérieur de la mairie et de l'église paroissiale ainsi que dans tous les autres lieux destinés à recevoir les affiches et actes émanés de l'autorité publique. L'autorité municipale fera connaître en même temps la date de l'arrêté qui a rendu le rôle exécutoire, précisera le délai dans lequel les réclamations devront être présentées et fera connaître les formalités à remplir par les réclamants (art. 25).

La double publicité donnée au rôle et à

l'arrêté préfectoral dans les conditions qui viennent d'être indiquées, *doit avoir lieu en même temps ;* elle constitue la *publication des rôles.*

Il suffit que l'une des formalités prescrites n'ait pas été remplie pour que la publication ne soit pas parfaite, par conséquent, pour que la taxe ne soit pas exigible. C'est à l'autorité municipale à justifier de leur accomplissement par les actes qui s'y rapportent.

Evaluation du loyer. — La cote de chaque contribuable portée au rôle, doit être déterminée d'après le loyer de son habitation personnelle et de celle de sa famille (art. 15).

La famille comprend toutes les personnes attachées à la maison sous la direction du chef.

Nous venons de voir que pour arriver à la confection du rôle les commissaires doivent fixer la valeur locative de chaque contribuable. Cette valeur doit être fixée soit d'après les conventions réelles, soit par l'ensemble des loyers analogues et notoirement connus (art. 21).

Lorsque les loyers sont fixés par un bail soit écrit, soit verbal, pourvu que dans ce dernier cas, il soit justifié, ce bail doit servir de règle, à moins que l'autorité communale en prouve la non sincérité ; c'est à l'autorité à faire cette preuve. (C. P., Alger, 25 septembre 1856, Gauffre.)

Telle est la règle qui doit diriger la commission de recensement.

La convention réelle d'abord. — Et on doit se servir de tous les éléments propres à la connaître et à l'établir.

Les documents produits par les contribuables pour justifier les locations qu'ils allèguent, n'ont pas besoin de rêvêtir des formes spéciales. Ainsi il n'est pas nécessaire que les baux produits soient enregistrés pour faire foi ; une simple quittance peut aussi servir de base, quand même elle serait postérieure au recensement, si elle est antérieure à l'émission des rôles. (*Ibid*, 27 janvier 1857, Feraud.)

S'il n'est pas possible de s'assurer de la convention vraie, on doit employer l'expertise que le contribuable a toujours le droit de réclamer, et la comparaison entre habitations semblables dont la valeur locative est notoirement connue.

Il ne faut pas sortir de ces trois moyens de conviction.

Les commissions de recensement ne doivent employer la *commune renommée* comme élément d'appréciation que lorsque les deux premiers moyens lui font défaut. (*Ibid.*, 7 juin 1855, Ahmed Semar.)

Lorsque le contribuable habite chez autrui, un fils chez son père, par exemple, et qu'il y a impossibilité de distinguer la partie d'appartement qui lui est propre, on doit mettre à sa charge la moitié de la valeur locative.

Les facultés présumées du contribuable, l'importance relative ou la convenance de son habitation, les produits qu'elle rapporte, doivent être des éléments dont les commissaires ne doivent pas s'occuper. (Cons., d'Et. 8 avril 1852.)

C'est la valeur locative du jour du recensement qui doit servir de base. (C. P., Alg., 2 octobre 1856.)

Le recensement doit comprendre *tout ce qui est occupé* par le propriétaire au moment où il se fait ; la commune n'a pas à se préoccuper des sous-locations qui seront faites ultérieurement. (*Ibid.* 12 juillet 1857, Samuel Eny.)

Le contribuable doit être taxé pour le logement qu'il occupe à l'époque du recensement, et non pour celui qu'il déclare devoir habiter incessamment. (*Ibid*, 23 août 1857, Chapert.)

On ne doit pas compter le montant d'une sous-location pour apprécier la valeur locative de l'appartement qu'occupe personnellement le principal locataire ; cette valeur locative doit s'apprécier d'après son importance réelle et indépendamment de la sous-location. (*Ibid*, 6 juillet 1855, Carvin).

Les termes de comparaison pour fixer la cote d'un contribuable, ne doivent, en aucun cas, être pris en dehors des limites de la commune où il est imposé. (Cons. d'Ét., 6 avril 1836.)

Le terme de comparaison ne saurait être pris dans la valeur locative de l'année pré-

cédente. Un arrêté du Conseil de Préfecture
qui le ferait serait annulé. (C. d'État, 8 avril
1846.)

Bien que la valeur locative d'une habitation puisse être fixée par voie de comparaison, cependant il faut que le chiffre des
loyers qui sont pris pour termes de comparaison ne soient pas contestés. (*Ibid*, 18 juin
1834.)

Le locataire principal d'une maison qui a
un sous-locataire qu'il ne déclare pas, doit
être imposé pour la totalité de la maison, si
le sous-locataire n'a pas été recensé. (C. P.
Alger, 28 juin 1855, Maignaud. 6 juillet, Sa-
lomon Amar.)

Il résulte de cette décision que les propriétaires doivent prendre soin de donner
aux commissaires tous les renseignements
propres à leur faire connaître l'état vrai de
la maison.

Nous avons vu que les officiers avec troupe ne sont taxés qu'autant qu'ils ont des
habitations particulières, c'est-à-dire, logements hors de la caserne.

Les officiers avec troupe logés dans des

bâtiments appartenant à l'État sont-ils soumis à la taxe? La négative résulte de la jurisprudence du Conseil d'État en matière de contribution mobilière, dont les dispositions législatives sur ce point sont exactement reproduites dans l'arrêté organique sur la taxe des loyers. (30 octobre 1834, Lebabsteur. 6 mai 1836, Loysel. 23 avril 1837, Tessier. 17 mai 1837, Lechevallier.)

Cette jurisprudence, consacrée par de récentes décisions, va même plus loin : elle décide que lorsque le logement particulier qu'occupe l'officier avec troupe (*en ville*) n'est pas d'une valeur locative, supérieure ou à son indemnité de logement ou à *celui qui lui aurait été accordé dans les pavillons de l'État, s'il en eût existé dans la ville où il est,* la taxe n'est pas dûe. Pour eux, il n'y a pas d'habitation particulière jusqu'à concurrence ou de l'indemnité de logement ou de ce que l'État leur donne ou leur aurait donné en nature. C'est dans ce sens qu'ont été rendus deux arrêtés du Conseil de Préfecture d'Alger des 19 juillet 1855 et 17 février 1857.

En effet, en ce qui concerne l'armée, la

loi a voulu imposer le luxe et la fortune et soumettre à l'impôt locatif ceux qui, indépendamment de l'habitation nécessaire, ont un superflu de logement.

Mais il n'en est pas de même pour les officiers sans troupe, officiers d'état-major, officiers de gendarmerie, les employés de la guerre et de la marine, dans les garnisons et dans les ports, les préposés de l'administration des douanes non casernés; ceux-là, imposables pour la totalité de leur habitation, n'ont pas à réclamer le privilége de l'exemption partielle dont nous venons de parler, puisque l'État, en principe, ne les loge pas en nature. Par conséquent, soumis, aux termes de l'art. 16, *au mode* de taxation commune, leur cotisation doit être évaluée d'après la valeur locative réelle de leur habitation; il n'y a plus à rechercher ici ce qui est ou n'est pas habitation particulière, comme pour les officiers avec troupe; le chiffre de leur indemnité de logement ne doit donc pas être pris en considération, et on ne doit pas se préoccuper davantage s'ils habitent des bâtiments de l'État avec rete-

nue de l'indemnité de logement, ou des maisons particulières. La taxe est toujours dûe
et d'après les conditions du droit commun.

Bien que cette interprétation de la loi
nous paraisse logique et conforme à l'esprit
des décisions rendues sur la question par le
Conseil d'État (16 juillet 1840, de Grave.
17 septembre 1838, Laprairie. 2 mars 1839,
Guenne. 27 février 1835, Bugeaud. 20 juin
1855, Humbel), nous devons dire que le
Conseil de Préfecture d'Alger ne l'applique
pas d'une manière aussi rigoureuse ; car,
dans plusieurs circonstances, lorsque le contribuable habitait un bâtiment de l'État, il
fixait la cotisation d'après le chiffre de l'indemnité de logement. (3 mai 1853, Deitte.
23 août 1855, Heller. 30 juillet 1856, Ber-
trand. 25 septembre 1856, Mauvais, Tro-
lard.)

Néanmoins, dans d'autres cas il a appli-
qué les vrais principes, en décidant que c'est
la valeur locative réelle qui doit servir de
base à la cote. (18 octobre 1855, Bernis. 14
juillet 1856, Néron. 30 octobre 1856, Ri-
voul. 4 décembre id., Forster.

Quant aux fonctionnaires, ministres du culte, employés civils et militaires qui sont logés gratuitement (c'est-à-dire sans retenue aucune par opposition aux officiers et employés de l'armée auxquels on retient l'indemnité de logement) dans les bâtiments appartenant à l'État ou aux communes, ils sont imposables, d'après les mêmes règles, pour les parties de ces bâtiments affectées à leur habitation personnelle et à celle de leur de leur famille (art. 17).

On doit considérer comme habitation personnelle d'un fonctionnaire toute la portion du bâtiment qui a été mise à sa disposition, alors surtout que cela a eu lieu sans réclamation. (C. d'Etat, 30 novembre 1836, Salaville.)

Ainsi, lorsque le desservant d'une succursale a eu à sa disposition la totalité du presbytère qu'il habite, sa cotisation doit être fixée d'après la valeur locative de tout le bâtiment, quoiqu'il n'en ait occupé qu'une partie. (*Ibid*, 29 octobre 1839, Mauguet.)

Il importe peu que le fonctionnaire soit

simplement admis à titre précaire ou provi-
soire. (*Ibid*, 4 février 1836, Vallet.)

Si l'impôt se fractionne dans sa perception, il ne se fractionne pas dans son établissement ; par conséquent, la taxe est due
pour l'année entière, quelque courte que
soit la durée de l'occupation du contribuable, et abandonnerait-il la commune ou son
logement dans le cours de l'exercice. (C. P.
Alg., 6 juillet 1855, Bocco. 14 juin 1857,
Boissier. 28 juin, *id.*, Delassus. Cons.
d'Etat, 20 mars 1838. Daufresne, 22 février
1851.

..... Quand même il viendrait à décé-
der ou a changer de position dans le cours
de l'année. (*Ibid*, 6 juillet 1850.)

C'est en vertu de ce principe que, ainsi
que nous l'avons déjà vu, ni l'autorité municipale, ni le Conseil de Préfecture, ni le
Préfet ne peuvent faire des mutations de
cote, selon les changements opérés dans la
location.

Il y a cependant des cas où le contribuable a droit à un dégrèvement dans le cours
de l'année : c'est lorsque l'habitation vient

à disparaître par suite de démolition acci-
dentelle ou volontaire. (C. P. Alger, 5 novembre 1855, Ratto.)

De même, si la maison est devenue inha-
bitable pendant une partie de l'année, pour
vétusté ou à cause des travaux qui y ont
été effectués, la taxe devra être réduite
aussi proportionnellement à la durée des
travaux. (C. d'État, 27 juin 1838.)

Comme il s'agit, dans ces divers cas, de
l'exercice d'un droit qui appartient au contribuable, c'est au Conseil de Préfecture
qu'il doit s'adresser.

Une maison de campagne habitée seulement une partie de l'année, n'en doit pas
moins être imposée pour l'année entière.
(C. P. Alger, 22 décembre 1856, Palud du
Parc.)

CHAPITRE III

Habitations imposables.

Ainsi que nous l'avons vu, c'est l'habitation occupée par le contribuable, sa famille et ses domestiques qui est imposable; c'est en un mot, selon les expressions de la loi, l'habitation meublée; mais l'habitation meublée pour le compte de la famille et à sa disposition personnelle. Cependant l'habitation par le contribuable n'est pas une condition essentielle de l'obligation à la taxe; il suffit que la maison soit meublée et susceptible d'être habitée pour que cette obligation existe.

Une maison meublée et non habitée parce le propriétaire n'a pas trouvé à la louer ne peut être taxée, tandis qu'elle doit l'être, si ce dernier s'en est réservé la disposition. Dans le second cas, en effet, la maison n'a pas d'autre destination que l'usage de la famille; dans le premier cas, au contraire, c'est au public qu'elle est réservée, et tout le temps qu'elle est vacante, elle manque de la condition qui la rend taxable.

Une maison meublée est imposable, bien qu'on ignore le domicile ou la résidence du propriétaire.

On doit autant de taxes que l'on a de logements meublés à l'époque de la confection des rôles ; peu importe que dans le cours de l'année on en cède un.

Un propriétaire peut être présumé s'être réservé la jouissance d'une maison meublée, lorsqu'il n'est pas dans l'usage de la louer. (C. d'Ét., 10 juillet 1832, Wilman.)

Une maison doit être considérée comme meublée et imposable si elle est garnie de meubles meublants, tels que lits, tables, chaises, bien qu'elle soit dépourvue des objets précieux de mobilier, tels que : linge, vaisselle, argenterie, et qu'elle soit inhabitée. (*Ibid*, 4 novembre 1836, Lafayette.)

Si cependant il n'y avait d'autres meubles que ceux du gardien, ou s'il n'y avait que de gros meubles et que la maison n'eut jamais été habitée, la taxe ne serait pas due.

Il suffit pour que des pièces puissent être

comprises dans la valeur locative, qu'elles forment une dépendance de l'habitation, bien qu'elles ne soient pas meublées. (*Ibid*, 21 mai 1840, Durand.)

La règle à suivre dans cette matière est celle-ci : C'est que tout ce qui est *logement*, d'une manière principale ou accessoire, doit entrer dans l'évaluation. Ainsi une cour, une terrasse, un jardin attenant au logement dont ils sont une partie, doivent constituer un élément de la valeur locative.

Il en est de même des corridors, des chambres de débarras, et d'une pièce servant de bibliothèque.

Celui qui a une chambre ou un appartetement meublé à la campagne, où il va de temps en temps avec sa famille, doit la taxe. (*Ibid*, 6 décembre 1836. Rancé, 28 décembre 1836.)

On la doit aussi pour un simple pied à terre.

Ne doivent pas être compris comme faisant partie de l'habitation :

Les magasins, boutiques, comptoirs, auberges, usines et ateliers, pour raison desquels les habitants paient patente (art. 15).

Dans des vues d'une intelligente équité, la loi exclut le double emploi pour les locaux affectés à l'exercice des professions patentables ; par conséquent, nous pensons que les expressions *magasins, boutiques, comptoirs, auberges, usines* et *ateliers* s'étendent à tous les locaux nécessaires à l'exploitation de toutes les professions patentables, et qu'en principe, du moment où la valeur locative d'un local professionnel a été computée pour la fixation du chiffre de la patente de n'importe quelle profession, elle doit être exclue de l'évaluation pour la taxe locative. Ainsi et spécialement, a droit à l'exemption, le local affecté à la patente des professions libérales, telles que celles de médecin, défenseur, notaire, huissier, etc. Cette interprétation nous semble être tout-à-fait en harmonie avec l'esprit de la loi et se concilier parfaitement avec les termes dont elle se sert. Le Conseil de Préfecture d'Alger l'a cependant rejetée par divers arrêtés successifs, rendus aux dates des 25 septembre et 16 octobre 1856, et 17 janvier 1857 ; et il fonde ces décisions sur

le motif *que les exceptions posées par l'art. 15
ne comprennent pas les locaux affectés à
l'exercice des professions de médecin, défenseur, notaire, etc. ; que bien qu'en France
ces professions paient la patente, elles n'en
sont pas moins soumises à la contribution
mobilière pour la totalité de l'habitation.*

Il est vrai que telle paraît être aussi la
jurisprudence du Conseil d'État : nous disons *paraît être*, car la question n'a pas pu se
présenter devant cette haute juridcition dans
les mêmes conditions ; par conséquent on ne
peut pas invoquer son applicabilité parfaite ;
et ce qui pourrait être jugé en France, ne
pourrait peut-être pas l'être en Algérie. Le
Conseil d'État applique la loi du 26 mars
1831, et le Conseil de Préfecture d'Alger
l'arrêté du 4 novembre 1848. Et cette fois,
et sur ce point (circonstance digne de re-
marque), le législateur algérien n'a pas com-
plètement calqué la législation métropoli-
taine ; car tandis que l'art. 8, de la première
loi se borne à prescrire l'exemption pour les
magasins, boutiques, auberges, usines et
ateliers ; l'art. 16, de la seconde, ajoute les

comptoirs à cette nomenclature. Évidemment ce n'est pas sans intention que cette adjection a été faite, surtout en présence d'un calque presque complet pour les dispositions précédentes et suivantes. Que peut être cette intention, si ce n'est d'élargir le cercle des exemptions et de l'étendre aux comptoirs, c'est-à-dire aux bureaux patentables ?

Mais, en admettant que cette différence de rédaction n'ait aucune importance par le motif que le mot *comptoir* ne pourrait pas s'appliquer aux locaux professionnels dont nous parlons, que la législation de France sur la contribution mobilière est exactement la même que celle de l'Algérie sur la taxe locative, et que par conséquent toute l'autorité du Conseil d'État couvre la jurisprudence du Conseil de Préfecture d'Alger ; notre opinion n'en serait pas moins justifiée, mais par un autre ordre de raisons :

Lors de la loi du 26 mars 1831 et même de celle du 21 avril 1832, les professions libérales n'étaient pas encore soumises à la patente en France ; par conséquent, le législateur n'avait pas à s'occuper d'un impôt dont elles n'étaient pas grevées ni à stipuler des exemptions dont elles n'avaient pas besoin ; et c'était à bon droit que l'on repoussait les prétentions des notaires et des avoués qui voulaient s'assimiler à des fonctionnaires publics. Mais la loi de 1850 est venue assujettir les professions libérales à un droit proportionnel de patente, fixé au 15e du loyer d'habitation, en y comprenant, bien entendu, le local professionnel ; dès lors, on conçoit que les nouveaux patentables ont pu réclamer le privilége des patentables de 1831, sans qu'il y ait besoin, pour cela, d'une disposition expresse ; s'ils avaient les charges de la position, ils devaient en avoir les priviléges, puisque ces priviléges sont une conséquence des charges. Car pourquoi établir une différence entre les obligés à la patente ? Si une différence devait exister, ne serait-ce pas plutôt en faveur de ces professions qui dominent toutes les autres de toute la grandeur de l'intelligence humaine, professions que l'on ne s'est décidé à atteindre qu'après de nombreuses hésitations?

La loi de 1850, il est vrai, aurait pu, comme corrollaire de l'innovation qu'elle introduisait dans le régime des patentes, penser à étendre le cercle des exemptions de la loi de 1831 ; mais cette loi est une loi toute spéciale aux patentes et son silence sur ce point ne peut avoir aucune signification en faveur de l'opinion contraire à celle que nous soutenons. Au reste, le Conseil d'Etat, par un récent décret du 22 mars 1855, a admis l'exemption en faveur d'un notaire qui avait son cabinet et son étude dans un corps de bâtiment séparé de son habitation. On ne peut certainement pas dire que cette décision soit contraire à la jurisprudence dont nous venons de parler, mais enfin, les principes ne sont pas posés dans cette espèce comme dans les espèces précédentes, et il semble que le Conseil d'Etat ait hésité devant une nouvelle déclaration de principes; si telle a été effectivement sa pensée, on peut espérer qu'un changement s'opérera bientôt.

Ce que nous disons pour les professions libérales, est applicable à toutes les autres professions pour lesquelles la patente est dûe.

Les aubergistes sont imposés à la patente sur le loyer, tant de leur habitation personnelle que des appartements consacrés au logement des voyageurs, sans avoir égard au plus ou moins de temps que ces appartements sont occupés. On ne peut donc pas faire entrer une partie du loyer affecté à ces mêmes appartements dans la valeur locative servant de base à la taxe sur les loyers.

Une auberge est un établissement public où les voyageurs mangent et logent en payant.

Un hôtel est une auberge ; par conséquent, on ne doit faire entrer dans l'évaluation que le logement du maître.

Il est bien entendu que les personnes logées dans les auberges et hôtels ne sont pas soumises à la taxe ; par conséquent, le propriétaire n'est assujetti à aucune responsabilité à cet égard.

Il ne faut pas confondre les hôtels garnis, où il est d'usage de n'avoir que des locataires temporaires, au jour le jour, avec les maisons garnies qui sont habitées bourgeoisement et qui ont des locations d'une durée déterminée. Les premiers seuls doivent être considérés comme auberge. Quant aux maisons garnies proprement dites, elles ne jouissent pas du même privilége ; si le chef n'est personnellement taxable que pour le logement qu'il occupe, ses locataires ne le sont pas moins directement sous sa responsabilité.

En effet, aux termes de l'article 18 de l'arrêté organique, les locataires qui logent en garni doivent aussi l'impôt ; seulement ils ne le doivent qu'à raison de la valeur locative de leur logement, évalué comme logement non meublé.

Les cercles de société et de consommation sont imposables. (C. P. Alg. 27 décembre 1856, Lefebvre.)

Il en est de même des cercles littéraires. (C. d'Ét., 8 janvier 1856.)

Les greniers, quelque soit leur importance, ne doivent pas entrer dans l'évaluation. (C. d'Ét, 4 janvier 1836, Carmignac-Descombes.) — Pas plus que les hangars et les caves servant à l'industrie du commerçant.

On ne doit pas non plus faire entrer dans l'habitation :

1° Les granges, bergeries, étables et autres bâtiments servant aux exploitations rurales.

2° Les bureaux des fonctionnaires publics et employés.

Tous les employés salariés par l'Etat, doivent être considérés comme fonctionnaires.

Les Chambres de commerce sont considérées comme des bureaux de fonctionnaires publics. (C. P. Alg. 14 juin 1857, Canton.)

3° Les parties de bâtiments qui servent aux élèves dans les maisons d'éducation ; les jardins d'agrément attenant à l'habitation, doivent entrer dans l'évaluation des loyers. Il en est de même des remises, écuries, terrasses et autres dépendances de luxe et d'agrément (art. 15).

Lieu où la taxe est dûe. — En Algérie, la résidence habituelle vaut domicile ; par conséqueut la taxe est dûe dans la commune de la résidence. Si on avait une habitation dans deux communes distinctes on devrait payer deux taxes.

Tout individu qui se trouve dans une

commune à l'époque de la confection du rôle doit être taxé.

Le changement de résidence peut donner lieu à une double inscription et légitimer des réclamations. Si le contribuable, après la confection des rôles sur lesquels il est porté quitte la commune pour aller résider dans une autre commune, il reste valablement inscrit à son ancien domicile tout le temps qu'il ne l'est pas à sa nouvelle résidence, et cela, soit qu'il ait déménagé avant ou après l'ouverture de l'exercice. Mais si une double inscription se produit, il peut demander sa décharge dans la commune de son premier domicile en justifiant de ce double emploi. (C. d'Ét. 6 avril 1850, 23 avril 1852. Icard. 27 juin 1855. Achard. 28 février 1856.)

Mais si la mutation de domicile avait eu lieu avant la confection des rôles, le contribuable ne serait astreint à aucune justification pour obtenir sa radiation des listes de son ancienne résidence, quand même il n'aurait fait aucune déclaration de changement. (*Ibid*, 28 février 1856.)

On ne peut être tenu de payer la taxe sur les loyers en Algérie, lorsqu'on a payé en France la contribution mobilière pour cette même année. *(Ibid*, 16 octobre 1856, André. Collache. 11 décembre 1856 Morla.)

CHAPITRE IV

Mode de Recouvrement de la Taxe.

La taxe sur les loyers est recouvrable par douzième échu (art. 23). Mais cette faculté ne constitue qu'un terme de grâce accordé au débiteur ; par conséquent, si celui-ci diminue par son fait les sûretés du créancier, il perd le bénéfice du terme. (De Cormenin, *Append.*, p. 68.)

Il s'ensuit que le déménagement hors du ressort de la perception, la vente volontaire ou forcée du mobilier, la faillite du contribuable, amènent l'exigibilité de la totalité de la taxe.

C'est la publication régulière du rôle qui rend la taxe exigible.

Si la publication, au lieu d'être faite pour le 1er janvier, comme la loi le suppose, n'était faite que dans le cours de l'année, les douzièmes échus à cette époque ne seraient pas immédiatement exigibles : le recouvrement en serait fait par portions égales, en même temps que celui des douzièmes non échus. (Arg. de l'art. 24 de la loi du 25 avril 1844. C. P. Alg. 17 septembre 1856, Leroy.)

Le paiement se fait entre les mains du receveur municipal.

Si le contribuable ne paie pas les termes échus, d'après le mode d'acquittement indiqué dans l'avertissement, il est en retard ; dès-lors il peut être poursuivi par voie de saisie et de vente mobilière, à la requête du receveur municipal, en vertu d'une autorisation donnée par le sous-préfet ou le préfet, sur la proposition du maire. Néanmoins, la poursuite n'a lieu qu'après deux sommations préalables, à dix jours de distance. La première de ces sommations est sans frais. Elles sont signifiées au contribuable en personne ou remises à son domicile, en cas d'absence, par le ministère d'un agent municipal ou de l'autorité publique (art. 27 et 28).

Poursuites. — Le législateur est ennemi des rigueurs ; et lorsqu'il les permet, ce n'est que quand une résistance obstinée ou

une négligence coupable est bien constatée ; aussi exige-t-il deux sommations avant
d'arriver au premier acte de poursuite,
c'est-à-dire au commandement.

Le délai de dix jours qui doit exister entre les deux sommations est franc.

La loi ne fixe pas l'intervalle qui doit sé-
parer la remise de l'avertissement de la première sommation et elle n'avait pas besoin
de le faire. En effet, l'avertissement individuel n'est ni un acte de poursuite, ni un
acte comminatoire de poursuite ; c'est, ainsi que nous l'avons déjà vu, un des éléments constitutifs de la *publication des rôles*, formalité qui détermine l'exigibilité de
la taxe ; et il ne pouvait y avoir lieu de
fixer un délai entre l'époque d'exigibilité de
l'impôt et le premier acte de la procédure
de recouvrement. Néanmoins, il est certain
qu'un délai moral doit être accordé au contribuable, à partir de la publication, afin
qu'il ait le temps de se mettre en mesure de
payer ou de réclamer ; d'après nous, ce délai ne doit pas être moindre de quinze jours ;
et si le receveur municipal faisait faire la

première sommation avant l'expiration de ce délai, elle devrait être annulée comme vexatoire.

En France, aux termes des art. 50 et 51 de la loi du 15 mai 1818, les avertissements doivent être adressés aux contribuables lors de l'émission des rôles ; et dans la pratique, cet avertissement précède toujours d'un mois au moins l'échéance du premier terme.

La date de la remise de la sommation *gratis* doit être constatée sur le rôle. La sommation avec frais fait foi de sa date par son original.

L'arrêté organique du 4 novembre limitant les moyens d'exécution à la saisie mobilière, tout autre moyen, tel que la garnison, la saisie immobilière, etc., ne saurait être employé. C'est une exception faite en faveur de l'Algérie ; néanmoins les mesures conservatoires ne sont pas interdites.

Le commandement ne peut avoir lieu qu'en vertu d'une contrainte délivrée par le receveur municipal, visée par le maire et rendue exécutoire par le préfet ou le sous-préfet.

Les actes de commandement et saisie doivent être sur papier timbré et enregistrés dans les quatre jours non compris celui de la date. (Réglement du 21 décembre 1839, art. 95).

Lorsque, dans ce délai de quatre jours, les contribuables se sont libérés intégralement, les actes de poursuites, les procès-verbaux de vente exceptés, non encore présentés à l'enregistrement, peuvent, quoiqu'ayant pour objet le recouvrement de cotes excédant 100 francs, être admis à la formalité *gratis*. Dans ce cas, indépendamment de la mention qui doit être faite de ce paiement sur le répertoire, aux termes de la décision du 28 juin 1822, les porteurs de contraintes doivent annoter sur l'acte de poursuite la libération intégrale du redevable et faire certifier cette déclaration par le receveur municipal. (*Ibid.* art. 98.)

En matière de taxe sur les loyres, le domicile d'un contribuable est de droit dans les locaux qui sont l'objet de la contribution, à moins d'une déclaration régulièrement faite à la recette municipale. (C. P. Alg., 21 décembre 1855.) La copie est valablement remise au propriétaire habitant les lieux. (*Ibid.*)

Un commandement signifié alors qu'on ne justifie pas des notifications préalables, c'est-à-dire des deux sommations exigées par l'art. 28, est nul *(Ibid*, 16 février 1857, Goutevin.)

Les principes du droit commun sont applicables aux poursuites en matière de contributions, par conséquent à celle qui nous occupe. Les commandements doivent donc contenir toutes les formalités ordinaires prescrites pour les exploits par les articles 61, 67, 583, 584, et 1037 (C. proc. civ.). La contrainte doit être signifiée en tête du commandement. Néanmoins, la copie littérale n'est point exigée à peine de nullité, s'il contient copie du rôle, en ce qui concerne le contribuable, et mention de la contrainte. (Cass. 12 février 1845. Journ. pal. T. 1, 1845, p. 458.) En effet, en matière de contributions, ce n'est pas la contrainte qui constitue le titre, mais le rôle.

L'original des commandements doit être

collectif pour tous les contribuables poursuivis le même jour dans la même commune ; et le receveur municipal ferait des frais frustratoires qui seraient à sa charge si, dans ces conditions, il faisait faire un original pour chaque contribuable. (Régl. 21 décembre 1839, art. 58.)

Les frais de timbre de l'original et des extraits ou copies sont à la charge des porteurs de contraintes, qui n'ont droit qu'à un émolument fixe qui est déterminé par les préfets pour chaque département, et dont le *maximum* ne peut dépasser 1 fr. 25 c., non compris le droit d'enregistrement que le contribuable doit supporter en outre. *(Ibid.)*

Il doit y avoir un délai de trois jours entre le commandement et la saisie. *(Ibid, art. 63.)*

Si le contribuable s'oppose à la saisie, il peut conduire le requérant devant le préfet ou le sous-préfet, pour qu'il soit statué provisoirement. (C. Ét., 28 juillet 1819.) Néanmoins, si le motif de l'opposition était purement judiciaire et du domaine de la loi ci-

vile, ce serait devant le président du tribu-
nal qu'on devrait se pourvoir en référé.

Le porteur de contraintes n'a pas qualité
pour recevoir les offres qui lui sont faites au
moment de la saisie ; seulement, si le contribuable offre de se libérer et qu'il en fasse
la déclaration par écrit, l'agent des poursuites doit surseoir à la saisie pendant le
temps nécessaire au contribuable pour se
rendre à la caisse du receveur et payer.
Sur le vu de la quittance, l'agent mentionne
le fait sur son procès-verbal et se retire. Si
le contribuable justifiait d'offres réelles régulièrement signifiées, la saisie ne pourrait pas
avoir lieu jusqu'à ce qu'il fût statué.

Les objets déclarés insaisissables par le
droit commun, ne peuvent être saisis pour
le paiement de la taxe sur les loyers.

Les autres dispositions du réglement
du 21 décembre 1839, en ce qui touche
le mode de procéder, lorsque le redevable est absent ou que les portes sont
fermées, l'établissement du gardien, sa responsabilité et le procès-verbal de carence
sont applicables à la matière qui nous occupe.

Ce n'est que huit jours après la clôture du procès-verbal de saisie qu'il peut être procédé à la vente en vertu de l'autorisation du préfet ou du sous-préfet, accordée sur la demande du maire. (Même réglement, art. 79 et 80.) Ce délai doit être franc. Néanmoins, il peut être abrégé avec l'autorisation des mêmes fonctionnaires, lorsqu'il y a lieu de craindre le dépérissement des objets saisis.

La vente est faite par le commissaire-priseur, dans la commune du lieu de la saisie et sur la place publique. Cependant, le maire peut ordonner que la vente aura lieu sur place, et alors on procède d'après les dispositions du Code de proc. civ.

Le receveur municipal doit être présent à la vente ou s'y faire représenter. Les deniers provenant de la vente sont versés en ses mains. Immédiatement après les avoir reçus, le receveur émarge les rôles jusqu'à concurrence des sommes dûes par le saisi et lui en délivre quittance à souche. Il conserve le surplus du prix, s'il y en a, jusqu'après la taxe des frais, et délivre au contribuable; une reconnaissance par laquelle il s'engage à rendre compte et à restituer l'excédant. Ce compte est rendu dès que l'état des frais est taxé. Il est inscrit à la suite du procès-verbal et signé par le contribuable et le receveur. (*Ibid.* art. 85.)

S'il y a opposition de la part des tiers à la délivrance des deniers, le commissaire priseur verse à la Caisse des dépôts et consignations les sommes qu'il a en mains, et une contribution est ouverte.

CHAPITRE V

Réclamation et Compétence.

Réclamations. — Tout contribuable qui se prétendra surtaxé ou indûment imposé devra présenter sa réclamation dans les trois mois de la publication du rôle. La réclamation devra être rédigée sur papier timbré, si elle porte sur une cote de trente francs et au-dessus. Toute réclamation devra être accompagnée de pièces justificatives et de la quittance des termes échus. Elle sera déposée à la mairie, où il en sera donné récépissé. Le maire transmettra immédiatement la réclamation avec ses observations au sous-préfet qui, dans le délai de quinzaine, adressera le tout au préfet avec son propre avis (art. 26.)

Les observations du maire et l'avis du sous-préfet doivent être communiqués au réclamant, afin qu'il puisse y répondre. Mais il n'est pas nécessaire, comme en matière de contribution mobilière, qu'il fournisse sa réponse ou qu'il requiert l'expertise dans un délai de dix jours. La réponse peut être produite et l'expertise requise jusqu'à ce que la décision soit rendue.

Aucune forme particulière n'est exigée pour l'introduction et l'instruction de la réclamation. Cette réclamation est une simple requête adressée par le contribuable aux président et conseillers composant le Conseil de Préfecture, et dans laquelle on énonce les faits et motifs sur lesquels on se base, et qu'on termine par la conclusion de ce que l'on requiert.

Il n'est pas indispensable que la réclamation soit en forme de requête au Conseil de Préfecture ; il suffit qu'elle soit énonciative de la rectification qu'elle a pour but.

Le délai de trois mois court du jour de la *publication* du rôle. C'est là une différence avec la contribution mobilière de France, où le délai court du jour de l'*émission*.

La réclamation doit être signée par le contribuable lui-même, ou son mandataire. Par conséquent elle ne peut être faite par un locataire principal, en l'absence de ses sous-

locataires et pour le compte de ces derniers.
(C. Préf. Alg., 11 décembre 1856, Cougot.)

Un fils ne peut pas davantage agir pour
son père ou sa mère, un régisseur d'une
maison pour le propriétaire, s'ils n'ont pas
pouvoir exprès.

Le mandat doit être donné préalablement
à la réclamation. Néanmoins, la ratification
ultérieure donnée par le mandant couvrirait
le vice originel; il suffit en effet que la réclamation soit régularisée au moment où
elle doit être jugée.

Une réclamation qui porte sur une cote
s'élevant à plus de 30 francs, et qui n'est
pas faite sur timbre, est irrecevable. (*Ibid*, 5
février 1857, Durand.) C'est la jurisprudence
constante du Conseil d'État; aucune circonstance ne pourrait excuser le défaut de timbre.

Une demande adressée au gouverneur-
général et renvoyée par ce fonctionnaire au
Conseil de Préfecture n'est pas régulière en
la forme. (*Ibid*, 20 novembre 1856, Ansard.)

C'est à tort, selon nous, qu'il a été jugé

par cette même juridiction que la réclamation devait nécessairement être individuelle
et qu'une réclamation collective devait être
déclarée non recevable, comme contraire à
l'esprit de l'art. 28 de la loi du 21 avril 1832.
Il est vrai que des instructions ministérielles
et préfectorales recommandent de faire une
requête pour chaque contribuable et même
pour chaque cote; mais ces instructions
sont faites pour les agents de l'administration dans le but de faciliter le travail administratif, de simplifier et d'accélérer la justice. Mais elles n'ont pu entendre et n'ont
pas entendu prescrire des formalités dont
l'inaccomplissement entraînerait des nullités,
alors que ces formalités ne sont pas dans la
loi. Ce sont ces principes que le Conseil
d'État paraît avoir proclamés dans l'ordonnance du 11 octobre 1833, affaire Parche-
miny, et des décrets des 13 mai 1852 et 7
juin 1855.

Cependant, le contribuable agira pru-
demment en se conformant aux instructions
dont nous venons de parler; il échappera,
par ce moyen, à des difficultés et peut-être

à des fins de non-recevoir qui n'auront ainsi aucune raison de se produire.

Si le contribuable ne joint pas à l'appui de son opposition les quittances des termes échus, il est non recevable. Néanmoins, il suffit que ces quittances (comme toutes autres pièces justificatives qui pourraient être nécessaires) soient produites dans le cours de l'instruction et avant l'audience. (C. P. Alg., 7 janvier 1857, Toma. 16 fév. 1857, Robert.)

C'est encore là une condition sur l'accomplissement de laquelle la loi est on ne peut plus impérieuse, et le Conseil d'État rejette sans exception toutes les réclamations qui ne sont pas accompagnées des quittances exigées. Ni la position des réclamants, ni la justice évidente de la réclamation ne pourront dispenser le réclamant de cette production.

Cependant, si la réclamation ne portait pas sur une énonciation du rôle qu'elle n'aurait pas pour résultat de modifier, comme celle d'un propriétaire que l'on voudrait rendre responsable, nous pensons que le paiement préalable ne serait pas une condition de sa recevabilité; car si le paiement préalable est prescrit par la loi, c'est parce que provision est dûe au rôle qui est un titre exécutoire; mais si le rôle n'était pas un titre contre le réclamant, son caractère de provision ne pourrait plus être invoqué.

Lorsque les rôles n'ont été émis que tardivement, dans le courant de l'année seulement, le contribuable, pour pouvoir réclamer, n'est pas obligé de verser les douzièmes échus à l'époque de sa réclamation, ni les termes qui auraient été fixés dans cette circonstance par le Conseil Municipal, dont la compétence ne peut être admise sur ce point. C'est alors le cas de faire, par analogie, l'application de § 2 de l'art. 24 de la loi du 25 avril 1844 sur les patentes, et de décider que les douzièmes échus ne sont pas immédiatement exigibles, que le recouvrement en est fait par portions égales, en même temps que celui des douzièmes non échus. (*Ibid*, 18 sept. 1857, Leroy.)

Le contribuable doit payer aussi les termes qui viennent à échéance dans le cours des deux mois donnés au Conseil de Préfecture pour statuer; mais il n'est plus obligé de payer ceux qui échoient après l'expiration de ce délai. Si malgré cela, le receveur municipal voulait poursuivre, le réclamant signifierait au maire, dans la personne du receveur municipal, par exploit extra-judiciaire, qu'il a déposé une réclamation depuis plus de deux mois, que cette réclamation n'a pas encore reçu de solution, et qu'il entend se pourvoir pour obtenir un sursis à toutes poursuites. Il dénoncerait cet acte au préfet, avec sommation de saisir le Conseil de Préfecture pour qu'il ait à statuer sur le sursis qu'il requiert. Le Conseil de Préfecture devrait ordonner le sursis.

Le juge des référés serait incompétent dans une telle circonstance.

Le délai de trois mois accordé au contribuable pour former ses réclamations, est de rigueur, et le Conseil de Préfecture ne peut le relever de la déchéance qu'il a encourue. (*Ibid*. 30 octobre 1856, Heroguelle.)

Jusqu'en 1852, le Conseil d'État avait annulé uniformément tous les arrêtés des Conseils de Préfecture qui avaient relevé les contribuables de la déchéance encourue. (Voyez décret du 27 février 1852.) Mais le 8 juillet de la même année, il en rendit un par lequel il admet que les Conseils de Préfecture peuvent avoir égard aux excuses que feraient valoir les réclamants, et apprécier, *après instruction*, le plus ou moins d'admissibilité de ces excuses. Nous pensons que la doctrine de ce dernier décret doit être suivie; car enfin, il peut se présenter telles circonstances où la rigueur d'une loi exceptionnelle doit fléchir.

La déchéance ne peut être appliquée lorsque le contribuable, après avoir reçu son avertissement, est allé réclamer à la mairie ou à la recette municipale, qu'on lui a dit qu'on avait commis une erreur à son égard, et qu'il serait déchargé. (C. P. Alg. 7 janv. 1857, Corvino.)

Comme l'avertissement est un acte essentiel de la *publication* des rôles, il en résulte que lorsqu'il est constant qu'aucun avertissement n'a été donné avant le commandement, le délai pour réclamer ne court que du jour du commandement. (*Ibid*, 18 octobre 1855, de Massot.)

Nous serions encore plus exigeant. Dans ce cas, nous pensons qu'il n'y a pas eu de *publication* complète, que le délai n'a pu commencer à courir, et même que des poursuites n'ont pu avoir lieu.

Même lorsque la réclamation est basée sur l'irrégularité de l'établissement des rôles, elle ne peut être formée après le délai de trois mois. (*Ibid*, 23 avril 1857, Castel. 28 mars, *id.*, Raymond.)

Ce délai n'est applicable qu'aux réclamations qui ont pour objet des décharges ou des réductions, c'est-à-dire aux demandes qui tendent à une révision des rôles. On ne peut l'invoquer contre celles relatives à la légalité et à la régularité des poursuites, à la responsabilité des propriétaires, en un mot à toutes celles qui n'ont pas pour but une modification du rôle par rapport au réclamant.

Ainsi, un propriétaire ne peut être responsable des taxes imposées à des individus que l'on a à tort portés sur le rôle comme ses locataires, bien qu'il n'ait formulé sa réclamation qu'après l'expiration des délais. (*Ibid*, 26 janv. 1856, Cougot.)

Si, par suite d'un changement de domicile, un contribuable vient à être inscrit dans deux communes à la fois, le délai ne commence à courir qu'à partir du jour où il a eu connaissance de son inscription dans la commune où il a le droit d'obtenir sa décharge. — Il ne saurait courir à partir du jour où il a connu le rejet de la réclamation formée contre son inscription dans l'autre commune. (C. d'Ét., 14 et 19 mars 1845, Hue. Jullien. 27 juin 1855.)

Si cependant il avait un représentant dans la commune qu'il a quittée, il n'aurait pas droit à la prorogation de délai.

Cette connaissance sera réputée légalement acquise par la remise de l'avertissement ou un commencement de poursuites.

Si le contribuable avait été imposé dans une commune où il n'aurait jamais eu de domicile, le délai ne commencerait à courir que du jour où un commandement lui serait signifié à domicile. (C. d'Ét., 20 mai 1843, 9 août 1851.)

Si le rôle avait été publié antérieurement à l'ouverture de l'exercice, le délai de trois mois ne commencerait que du premier jour de l'exercice. (*Ibid*, 27 avril 1854, Fontaine.)

Lorsque la réclamation est admise, le Conseil de Préfecture doit condamner la commune aux dépens et ordonner que les termes payés par le réclamant lui seront restitués. Il commettrait un excès de pouvoir s'il reportait sur la cote de l'année suivante les sommes à restituer.

Le contribuable n'a pas droit à des dommages intérêts par suite des exigences jugées mal fondées de la commune.

Le principe que les Conseils de Préfecture épuisent leur juridiction en statuant sur une demande n'empêche pas le contribuable repoussé une première fois par une fin de non-recevoir, de produire de nouveau sa réclamation, s'il est encore dans les délais, et s'il observe les conditions de recevabilité prescrites. En effet, ce principe ne s'applique qu'au cas où le Conseil a connu du fond de la question ; c'est l'application de la règle *non bis in idem* qui est une des bases de tout notre système judiciaire et qui ne veut pas qu'une même question soit jugée deux fois entre les mêmes parties. Mais c'est précisément parce que cette règle régit la juridiction des Conseils de Préfecture, que cette juridiction, dont les décisions et la plénitude ont le même caractère que celles des tribunaux ordinaires, peut être de nouveau saisie d'une réclamation qu'elle n'a fait que rejeter pour un vice de forme. Il n'y a pas de loi exceptionnelle pour elle à cet égard.

De même le contribuable aurait le droit de se désister d'une première demande irrégulièrement introduite et d'en faire une nouvelle, pourvu qu'il fût encore dans les délais. Mais un désistement préalable est indispensable, autrement la seconde réclamation se confondrait avec la première.

Compétence. — Conseils de Préfecture. — Le Conseil de Préfecture connaît en général de tout le contentieux de la taxe entre le contribuable et les agents de la perception et particulièrement de toutes les demandes en décharge et en réduction. Les demandes en décharge sont celles qui tendent à une exonération complète de l'impôt, pour *faux emploi ou double emploi*. Celles en réduction sont basées sur une surtaxe résultant d'une erreur de cotisation ou de calcul.

En conséquence, c'est au conseil de Préfecture qu'il appartient de statuer sur la question de savoir si un contribuable est en débet ;

— Sur la demande en restitution de dépens que le contribuable prétend avoir payés indûment ;

— Sur les demandes en décharge et réduction pour démolition totale ou partielle de l'immeuble (C. d'Ét. 5 février 1841. 27 décembre 1854.) ;

— Sur les contestations élevées entre les agents et les particuliers, sur le point de savoir si ces derniers sont soumis à la taxe ;

— Sur la quotité de la somme qu'ils doivent ou des à-comptes payés ;

—Sur l'effet d'un changement de résidence opéré dans le courant de l'année ;

— Sur la validité des quittances ;

—Sur la régularité des poursuites qui ont précédé le commandement ;

— Sur les contestations qui s'élèvent entre les gardiens et le receveur municipal, pour le paiement du salaire ;

— Sur les difficultés relatives à l'établissement des gardiens ;

— Sur celle entre deux particuliers pour savoir lequel doit payer à la commune.

Les Conseils de Préfecture doivent motiver leur décision ; mais ils sont appréciateurs souverains du fait, libres de puiser où ils veulent leurs éléments de décision et de prescrire telles mesures d'instruction qu'ils jugent convenables.

A l'époque de la promulgation de l'arrêté du 4 novembre 1848, il n'existait pas encore en Algérie de Conseils de Préfecture ; il n'y avait que des Conseils de Direction dont les pouvoirs étaient appropriés à l'organisation administrative ; aussi c'est à ces Conseils de Direction que l'art. 27 de l'arrêté attribue juridiction pour les réclamations en matière de taxe ; mais cet article ajoute que la décision qui interviendra sera en *dernier ressort*. Aujourd'hui qu'à la suite d'une nouvelle organisation administrative, les Conseils de Direction ont disparu pour faire place aux Conseils de Préfecture, les décisions en matière de taxe sont-elles toujours en dernier ressort ? Nous ne le pensons pas. En effet, il est de principe que les Conseils de Préfecture ne sont, en toutes matières, que des tribunaux de premier degré. C'est là une des conditions essentielles de leur existence. Or, du moment où ils ont été créés dans notre colonie, ils y ont pris les attributions de la loi de leur institution, et toutes les décisions qu'ils rendent ne peuvent être rendues que dans les limites restreintes de l'autorité dont ils sont revêtus ; par conséquent, le contribuable a trois mois pour se pourvoir au Conseil d'État contre l'arrêté du Conseil de Préfecture qui rejette sa réclamation. Ce délai ne court que du jour de la notification.

La jurisprudence du Conseil d'État a

toujours distingué, quant à la forme des notifications adminisiratives qui font courir le délai des pourvois, entre le cas où ces notifications sont faites à la requête de l'État, et celui où elles sont faites à la requête d'un particulier ou d'une corporation. Dans le premier cas, le conseil admet comme suffisantes les notifications par lettres ; dans le second, il exige au contraire qu'on ait recours au ministère d'un huissier. En conséquence, c'est par le ministère d'un huissier que la commune doit faire notifier l'arrêté qui statue en matière de taxe sur les loyers.

Le recours a lieu sans frais. La requête est déposée au secrétariat de la préfecture, qui en donne récépissé, et qui la transmet au Conseil d'État. Elle doit arriver au secrétariat du Conseil d'État, où elle doit être enregistrée, avant l'expiration du délai de trois mois. (C. d'Ét. 12 et 19 juillet 1837. Morgan de Belloy-Meyer.)

Préfets. — Tout ce qui est de la juridiction gracieuse appartient aux préfets. Ainsi, c'est à eux que doivent être soumises les demandes en remise ou modération, pour cause

de non habitation, défaut de location, dimi-
nution momentanée des revenus.

Tribunaux civils. — Les difficultés qui
n'affectent pas la perception de l'impôt, ni
les éléments du rôle, et qui résultent soit
de conventions particulières, soit des dispositions de la loi civile, soit de la forme et de
la validité des moyens et actes judiciaires
employés pour parvenir au recouvrement, sont
dans les attributions des tribunaux ordinaires.

Ainsi ils statuent, à l'exclusion des Conseils de Préfecture, sur la question de savoir
quel est celui du fermier ou du propriétaire
doit la taxe acquittée ;

— Sur l'application de la responsabilité établie contre les propriétaires et sur les poursuites faites contre eux en vertu de cette
responsabilité. (C. Et., 17 septembre 1838.
Cazenaud) ;

— Sur la responsabilité d'une caution ;

—Sur les questions préalables d'hérédité
et de prescription ;

— Sur les questions de privilége qui se dé-
battent entre la commune et les créanciers
du contribuable ;

— Sur la régularité des poursuites à partir du commandement, les demandes en revendication, en main-levée de séquestre, de gardien, sur la solidarité entre des époux séparés de biens pour le paiement d'une taxe portée au rôle sous le nom de l'un d'eux seulement ;

— Sur l'action d'un particulier contre un autre particulier à la décharge duquel il a payé la taxe ;

— D'un propriétaire qui a payé pour son locataire.

Ils sont incompétents pour statuer sur la demande en remboursement intentée de contribuable à contribuable, fondée sur le motif que l'un aurait été obligé de payer pour l'autre, par suite d'une erreur d'inscription. Ce serait, de la part des tribunaux civils, rectifier implicitement le rôle. (C. Imp. Bordeaux 4 mars 1828).

Lorsque, pour obtenir paiement de la taxe, des poursuites sont dirigées contre un tiers en qualité de détenteur de sommes affectées au privilége de la recette municipale, et que ce tiers soutient qu'il n'a aucun fonds

appartenant au contribuable ; que s'il a payé
antérieurement, c'était à titre de mandataire, ou même parce qu'il était nanti de revenus revenant à ce dernier, et qu'il ne se
trouve plus dans les mêmes conditions ; c'est
là une question de qualité et de rapports
qui doit être appréciée dans les formes et
suivant les règles du droit civil et par la juridiction civile.

Si, pour juger une question régulièrement
soumise aux tribunaux, il est nécessaire
d'interpréter un acte administratif, les juges
doivent surseoir jusqu'à ce que cette interprétation soit donnée.

Les questions d'illégalité d'un impôt en
lui-même sont aussi soumises à la juridiction
ordinaire. Ces questions-là ne peuvent
guère se présenter pour la taxe sur les loyers
qui se trouve créée et établie par un do-
cument législatif à l'abri de toute critique ;
mais enfin si un contribuable prétendait que
l'arrêté du 4 novembre 1848 n'émane pas
du pouvoir compétent, sa prétention serait
du ressort des tribunaux civils qui devraient
la déclarer mal fondée.

TABLE DES MATIÈRES.